Impressum
Verlag: BABADADA GmbH, Nedderfeld 112 , 22529 Hamburg
Geschäftsführer / Verlagsleitung: Harald Hof
Druck: Books on Demand GmbH, In de Tarpen 42, 22848 Norderstedt

Imprint
Publisher: BABADADA GmbH, Nedderfeld 112 , 22529 Hamburg, Germany
Managing Director / Publishing direction: Harald Hof
Print: Books on Demand GmbH, In de Tarpen 42, 22848 Norderstedt, Germany

学校

school

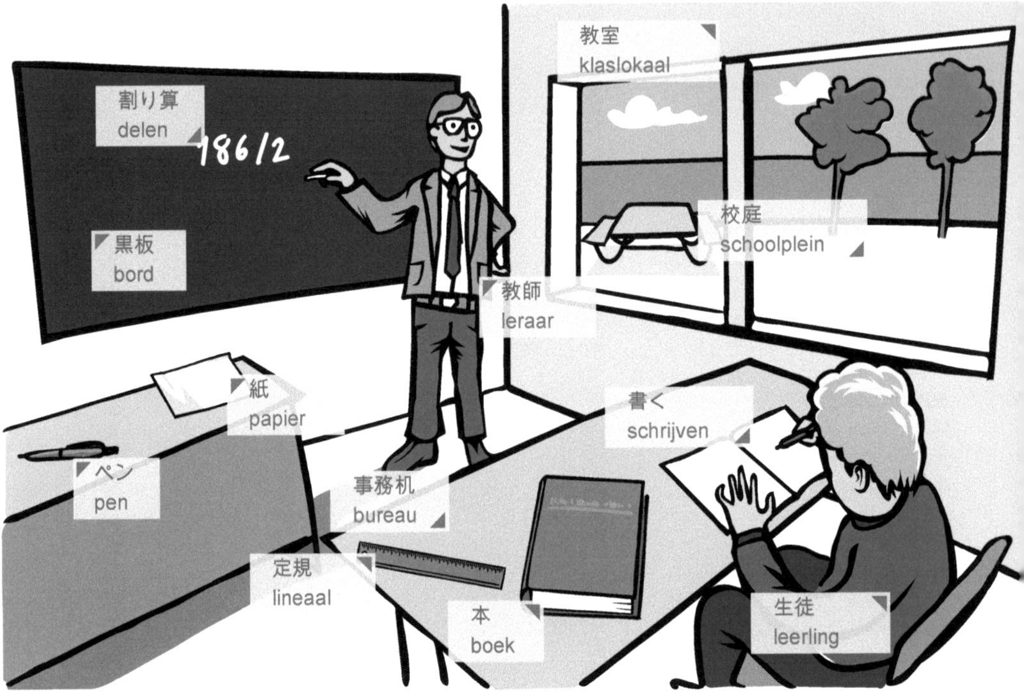

割り算
delen
186/2
黒板
bord
教室
klaslokaal
校庭
schoolplein
教師
leraar
紙
papier
書く
schrijven
ペン
pen
事務机
bureau
定規
lineaal
本
boek
生徒
leerling

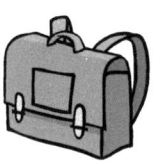

ランドセル

schooltas

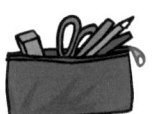

筆入れ

etui

鉛筆

potlood

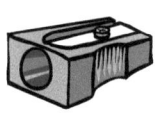

鉛筆削り

puntenslijper

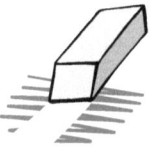

消しゴム

gum

スケッチブック

schetsblok

スケッチ
tekening

絵筆
penseel

絵の具箱
verfdoos

はさみ
schaar

接着剤
lijm

練習帳
schrift

宿題
huiswerk

12

数
getal

2+2

足し算
optellen

5-2

引き算
aftrekken

2×2

かけ算
vermenigvuldigen

計算する
rekenen

A

文字
letter

ABCDEFG
HIJKLMN
OPQRSTU
VWXYZ

アルファベット
alfabet

hello

単語
woord

テキスト

tekst

読む

lezen

チョーク

krijt

授業

les

学級日誌

klassenboek

試験

examen

通知表

diploma

制服

schooluniform

教育

opleiding

百科事典

encyclopedie

大学

universiteit

顕微鏡

microscoop

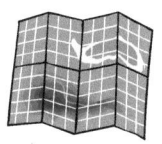

地図

kaart

ごみ箱

prullenmand

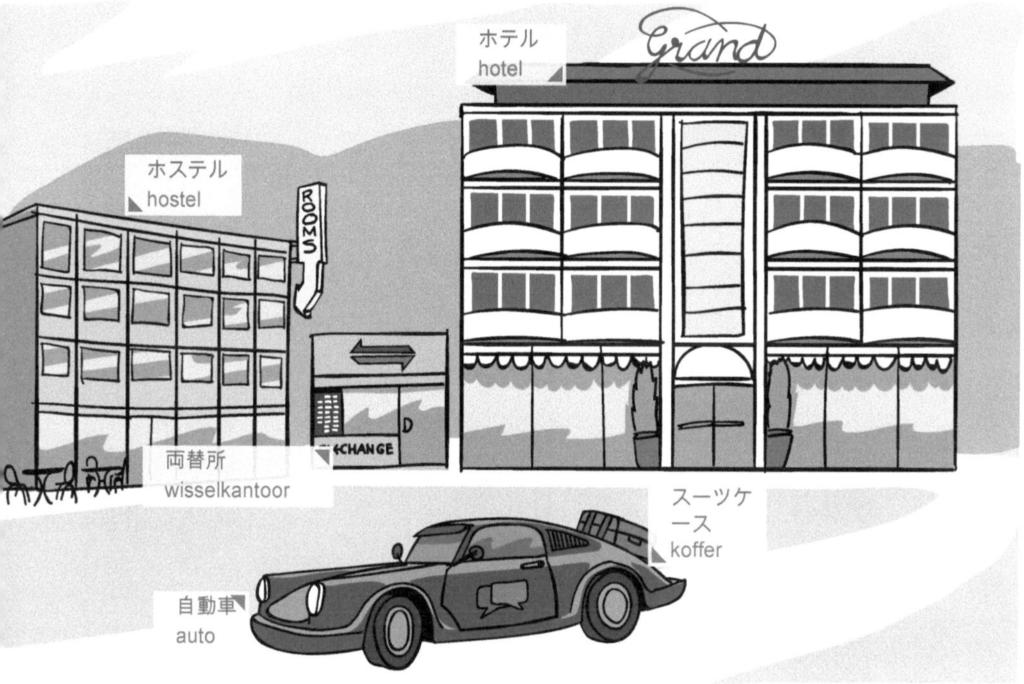

ホテル
hotel
Grand
ホステル
hostel
ROOMS
両替所
wisselkantoor
スーツケース
koffer
自動車
auto

言語

taal

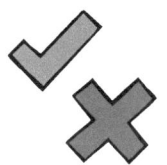

はい / いいえ

ja / nee

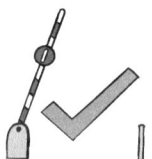

問題ない

oké

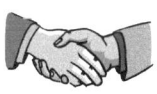

ハロー

Hallo!

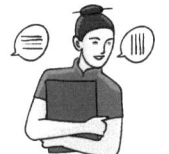

翻訳者

tolk

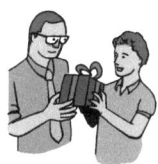

ありがとう

Bedankt.

…はいくらですか？

Wat kost …?

わかりません

Ik begrijp het niet.

問題

probleem

こんばんは！

Goedenavond!

おはようございます！

Goedemorgen!

おやすみなさい！

Goedenacht!

さようなら

Tot ziens!

方向

richting

手荷物

bagage

バッグ

tas

リュックサック

rugzak

お客様

gast

部屋

kamer

寝袋

slaapzak

テント

tent

旅行者情報

VVV-kantoor

ビーチ

strand

クレジットカード

creditkaart

朝食

ontbijt

昼食

lunch

夕食

diner

チケット

kaartje

エレベーター

lift

スタンプ

postzegel

境界

grens

税関

douane

大使館

ambassade

ビザ

visum

パスポート

paspoort

輸送

transport

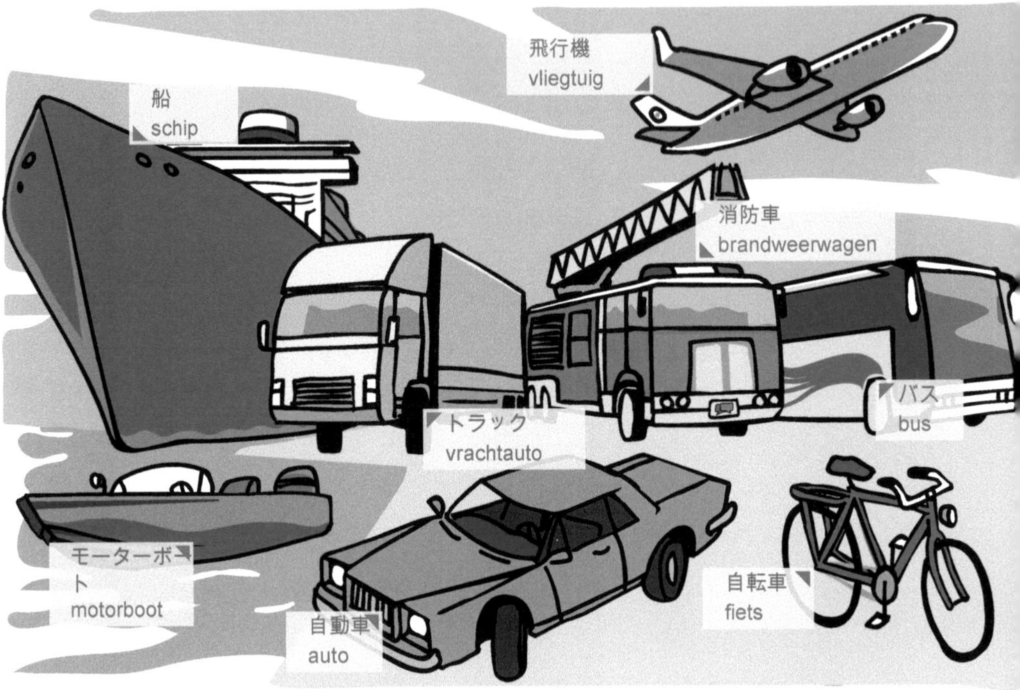

飛行機
vliegtuig
船
schip
消防車
brandweerwagen
バス
bus
トラック
vrachtauto
モーターボート
motorboot
自転車
fiets
自動車
auto

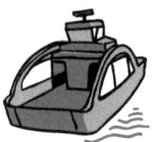

フェリー

veerboot

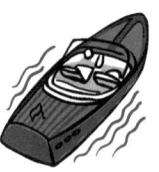

ボート

boot

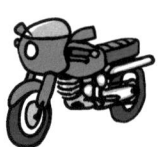

バイク

motorfiets

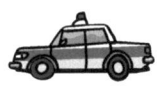

パトカー

politiewagen

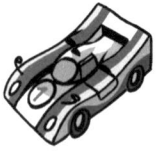

レーシングカー

raceauto

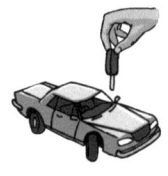

レンタカー

huurauto

カーシェアリング

carsharing

レッカー車

takelwagen

ごみ収集車

vuilniswagen

モーター

motor

燃料

benzine

ガソリンスタンド

benzinepomp

交通標識

verkeersbord

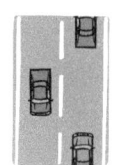

交通

verkeer

渋滞

file

駐車場

parkeerplaats

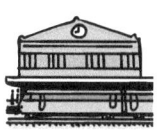

駅

station

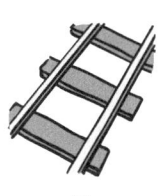

道

rails

列車

trein

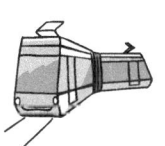

路面電車

tram

車両

wagon

ヘリコプター

helikopter

空港

luchthaven

タワー

toren

乗客

passagier

コンテナ

container

段ボール箱

verhuisdoos

カート

kar

カゴ

mand

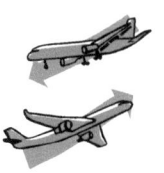

離陸 / 着陸

opstijgen / landen

都市
stad

村

dorp

都心

stadscentrum

家

huis

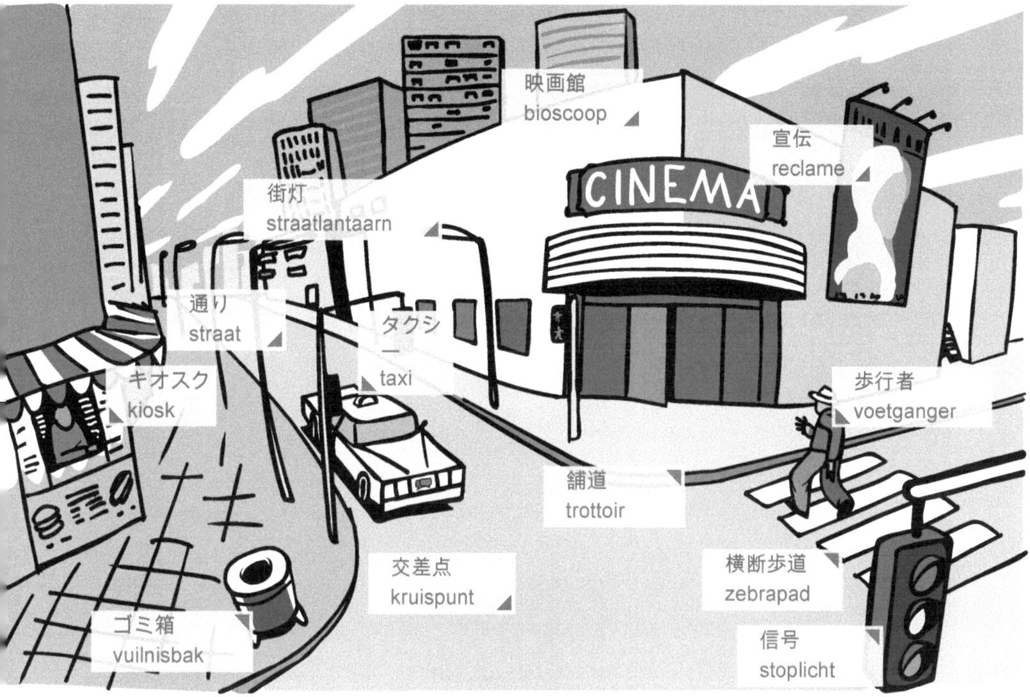

映画館
bioscoop
宣伝
reclame
街灯
straatlantaarn
通り
straat
タクシー
taxi
キオスク
kiosk
歩行者
voetganger
舗道
trottoir
交差点
kruispunt
横断歩道
zebrapad
ゴミ箱
vuilnisbak
信号
stoplicht
CINEMA

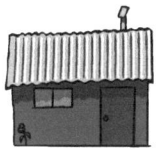

小屋

hut

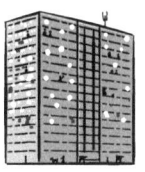

アパート

appartement

駅

station

市役所

stadhuis

MUSEUM

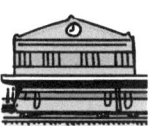

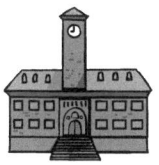

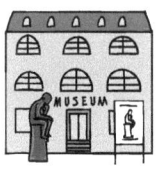

美術館

museum

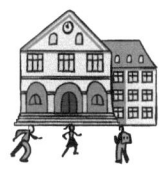

学校

school

大学
universiteit

銀行
bank

病院
ziekenhuis

ホテル
hotel

薬局
apotheek

オフィス
kantoor

書店
boekenwinkel

ショップ
winkel

花屋
bloemenwinkel

スーパーマーケット
supermarkt

市場
markt

デパート
warenhuis

魚屋
visboer

ショッピングセンター
winkelcentrum

港
haven

公園
park

ベンチ
bank

橋
brug

階段
trap

地下鉄
metro

トンネル
tunnel

バス停
bushalte

バー
bar

レストラン
restaurant

ポスト
brievenbus

道路標識
straatnaambord

パーキングメーター
parkeermeter

動物園
dierentuin

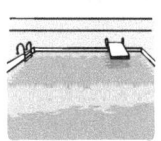

スイミングプール
zwembad

モスク
moskee

農場

boerderij

汚染

vervuiling

墓地

begraafplaats

教会

kerk

遊び場

speelplaats

寺

tempel

風景
landschap

葉
blad

道標
wegwijzer

道
weg

草地
weide

石
steen

ハイカー
wandelaar

木
boom

川
rivier

草
gras

花
bloem

谷
vallei

山
berg

湖
meer

森
bos

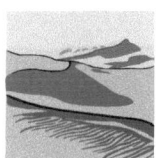

砂漠
woestijn

火山
vulkaan

城
kasteel

虹
regenboog

キノコ
paddenstoel

ヤシの木
palmboom

蚊
mug

ハエ
vlieg

蟻
mier

ミツバチ
bij

クモ
spin

カブトムシ

kever

蛙

kikker

リス

eekhoorn

ハリネズミ

egel

ウサギ

haas

フクロウ

uil

鳥

vogel

白鳥

zwaan

雄豚

wild zwijn

鹿

hert

ヘラジカ

eland

ダム

stuwdam

風力タービン

windmolen

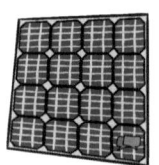

ソーラーパネル

zonnepaneel

気候

klimaat

ウエイター
ober

メニュー
menu

椅子
stoel

スープ
soep

ピザ
pizza

刃物類
bestek

テーブルクロス
tafelkleed

前菜
voorgerecht

メインコース
hoofdgerecht

デザート
toetje

飲み物
dranken

食べ物
eten

ボトル
fles

ファストフード

fastfood

屋台の食べ物

eetkraampje

ティーポット

theepot

砂糖入れ

suikerpot

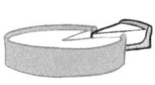

一人前

portie

エスプレッソマシン

espressomachine

幼児用食事椅子

kinderstoel

請求書

rekening

トレー

dienblad

ナイフ

mes

フォーク

vork

スプーン

lepel

ティースプーン

theelepel

ナプキン

servet

グラス

glas

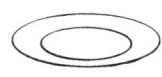

皿

bord

スープ皿

soepbord

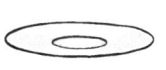

受け皿

schotel

ソース

saus

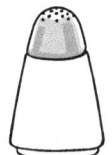

塩入れ

zoutvaatje

ペッパーミル

pepermolen

酢

azijn

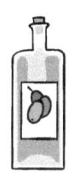

油

olie

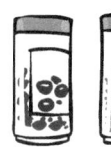

スパイス

kruiden

ケチャップ

ketchup

マスタード

mosterd

マヨネーズ

mayonaise

スーパーマーケット
supermarkt

特価品
aanbieding
FOR
顧客
klant
乳製品
zuivelproducten
果物
fruit
ショッピング・
カート
winkelwagen

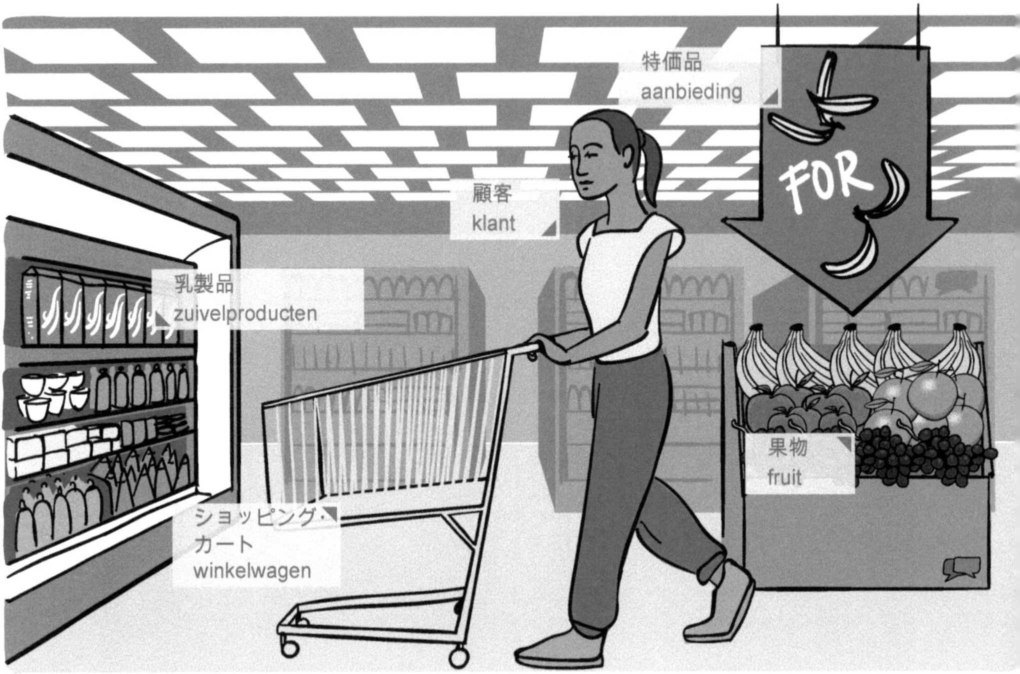

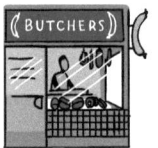

BUTCHERS

肉屋

slager

BAKERY

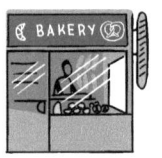

パン屋

bakkerij

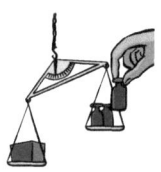

重さをはかる

wegen

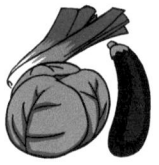

野菜

groente

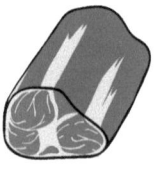

肉

vlees

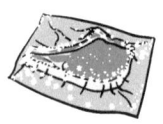

冷凍食品

diepvriesproducten

冷肉の薄切り

vleeswaren

缶詰食品

conserven

洗剤

wasmiddel

菓子

snoepgoed

家庭用品

huishoudelijke artikelen

清掃用品

schoonmaakmiddel

販売員

verkoopster

現金箱

kassa

レジ係

kassier

買い物リスト

boodschappenlijstje

開館時刻

openingstijden

財布

portefeuille

クレジットカード

creditkaart

バッグ

tas

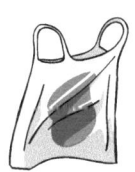

ポリ袋

plastic zak

スーパーマーケット - supermarkt

水

water

ジュース

sap

牛乳

melk

コーラ

cola

ワイン

wijn

ビール

bier

アルコール

alcohol

ココア

chocolademelk

紅茶

thee

コーヒー

koffie

エスプレッソ

espresso

カプチーノ

cappuccino

バナナ

banaan

リンゴ

appel

オレンジ

sinaasappel

メロン

watermeloen

レモン

citroen

ニンジン

wortel

ニンニク

knoflook

竹

bamboe

玉ねぎ

ui

キノコ

paddenstoel

ナッツ

noten

ヌードル

pasta

スパゲッティ

spaghetti

米

rijst

サラダ

salade

フライドポテト

friet

フライドポテト

gebakken aardappelen

ピザ

pizza

ハンバーガー

hamburger

サンドウィッチ

sandwich

カツレツ

schnitzel

ハム

ham

サラミ

salami

ソーセージ

worst

鶏肉

kip

焼き

gebraad

魚

vis

麦のお粥

havermout

ムーズリ

muesli

コーンフレーク

cornflakes

小麦粉

meel

クロワッサン

croissant

ロールパン

broodjes

パン

brood

トースト

toast

ビスケット

koekjes

バター

boter

カッテージチーズ

kwark

ケーキ

taart

卵

ei

目玉焼き

gebakken ei

チーズ

kaas

アイスクリーム

ijs

砂糖

suiker

はちみつ

honing

ジャム

jam

ヌガークリーム

chocoladepasta

カレー

kerrie

農場
boerderij

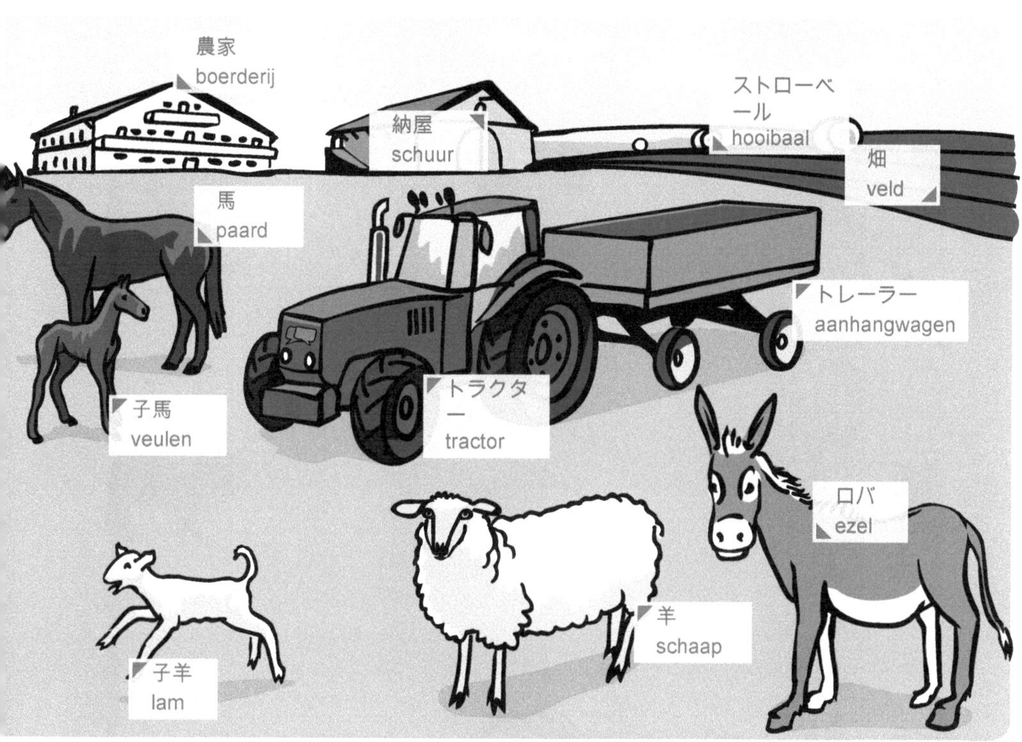

農家
boerderij
納屋
schuur
ストローベール
hooibaal
畑
veld
馬
paard
トレーラー
aanhangwagen
子馬
veulen
トラクター
tractor
ロバ
ezel
羊
schaap
子羊
lam

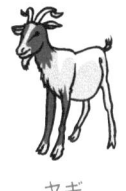

ヤギ

geit

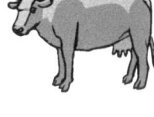

雌牛

koe

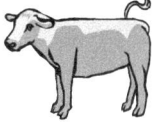

子牛

kalf

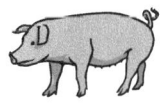

豚

varken

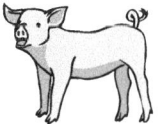

子豚

big

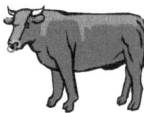

雄牛

stier

ガチョウ

gans

アヒル

eend

ひよこ

kuiken

にわとり

kip

おんどり

haan

ネズミ

rat

猫

kat

ねずみ

muis

雄牛

os

犬

hond

犬小屋

hondenhok

散水ホース

tuinslang

じょうろ

gieter

大鎌

zeis

すき

ploeg

草刈り鎌

sikkel

くわ

schoffel

堆肥用フォーク

hooivork

斧

bijl

手押し車

kruiwagen

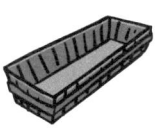

かいばおけ

trog

牛乳缶

melkbus

袋

zak

フェンス

hek

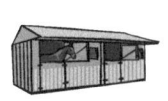

畜舎

stal

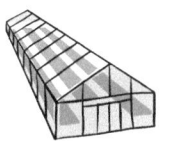

温室

broeikas

土壌

grond

種

zaad

肥料

mest

コンバイン

maaidorser

収穫する

oogsten

収穫

oogst

ヤマイモ

yam

小麦

tarwe

大豆

soja

じゃがいも

aardappel

トウモロコシ

maïs

菜種

koolzaad

果樹

fruitboom

キャッサバ

maniok

穀物

granen

家

huis

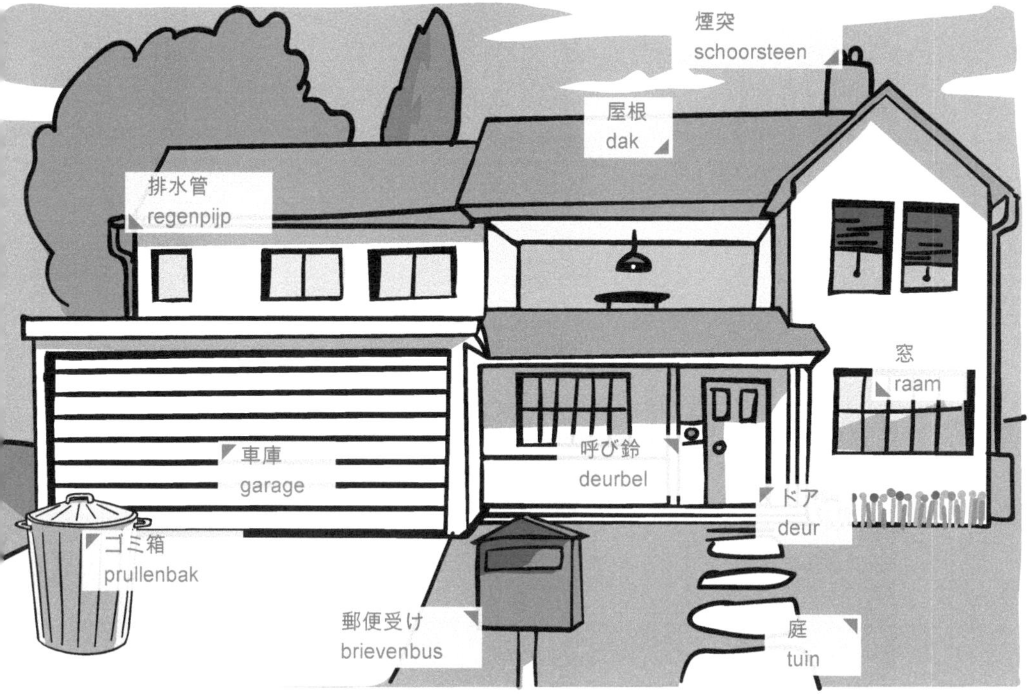
煙突
schoorsteen
屋根
dak
排水管
regenpijp
窓
raam
車庫
garage
呼び鈴
deurbel
ドア
deur
ゴミ箱
prullenbak
郵便受け
brievenbus
庭
tuin

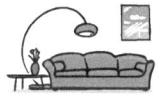

リビングルーム

woonkamer

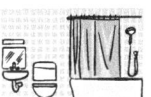

浴室

badkamer

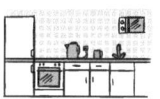

台所

keuken

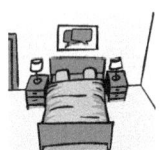

寝室

slaapkamer

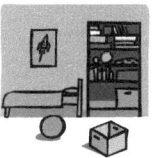

子供部屋

kinderkamer

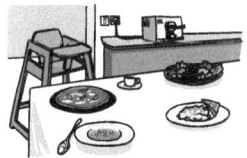

ダイニング・ルーム

eetkamer

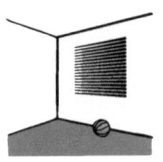

床
vloer

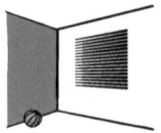

壁
muur

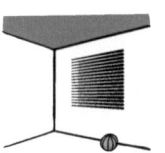

天井
plafond

地下貯蔵庫
kelder

サウナ
sauna

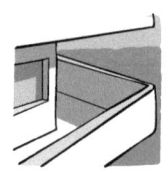

バルコニー
balkon

テラス
terras

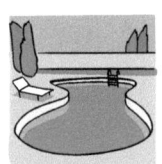

プール
zwembad

芝刈り機
grasmaaier

シーツ
laken

ベッドカバー
bedsprei

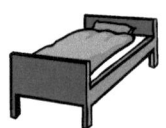

ベッド
bed

ほうき
bezem

バケツ
emmer

スイッチ
schakelaar

リビングルーム

woonkamer

壁紙
behang
絵
foto
ランプ
lamp
棚
plank
食器棚
kast
テレビ
televisie
暖炉
open haard
花
bloem
クッション
kussen
ソファ
bankstel
花瓶
vaas
リモコン
afstandsbediening

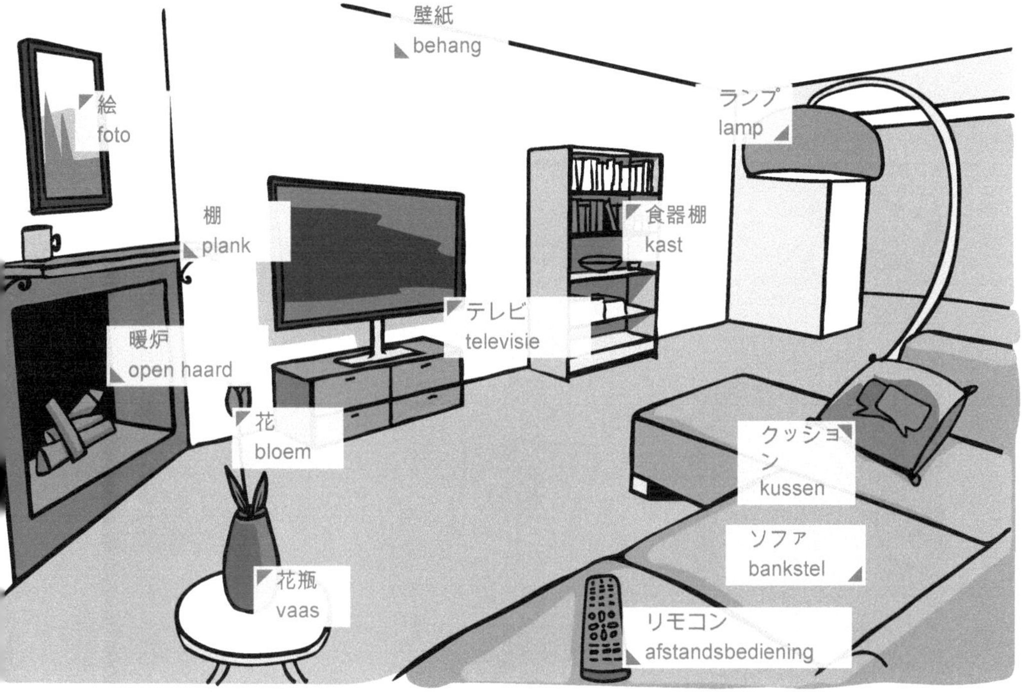

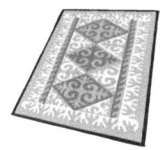

カーペット

tapijt

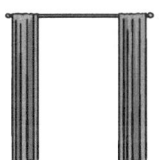

カーテン

gordijn

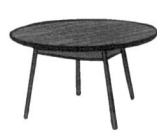

テーブル

tafel

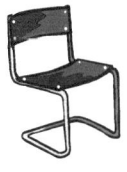

椅子

stoel

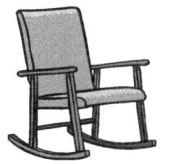

ロッキングチェア

schommelstoel

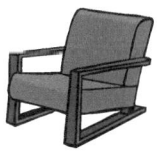

ひじ掛け椅子

stoel

本
boek

毛布
deken

飾り
decoratie

たきぎ
brandhout

映画
film

ステレオ
stereo-installatie

鍵
sleutel

新聞
krant

絵画
schilderij

ポスター
poster

ラジオ
radio

メモ帳
kladblok

掃除機
stofzuiger

サボテン
cactus

ろうそく
kaars

台所

keuken

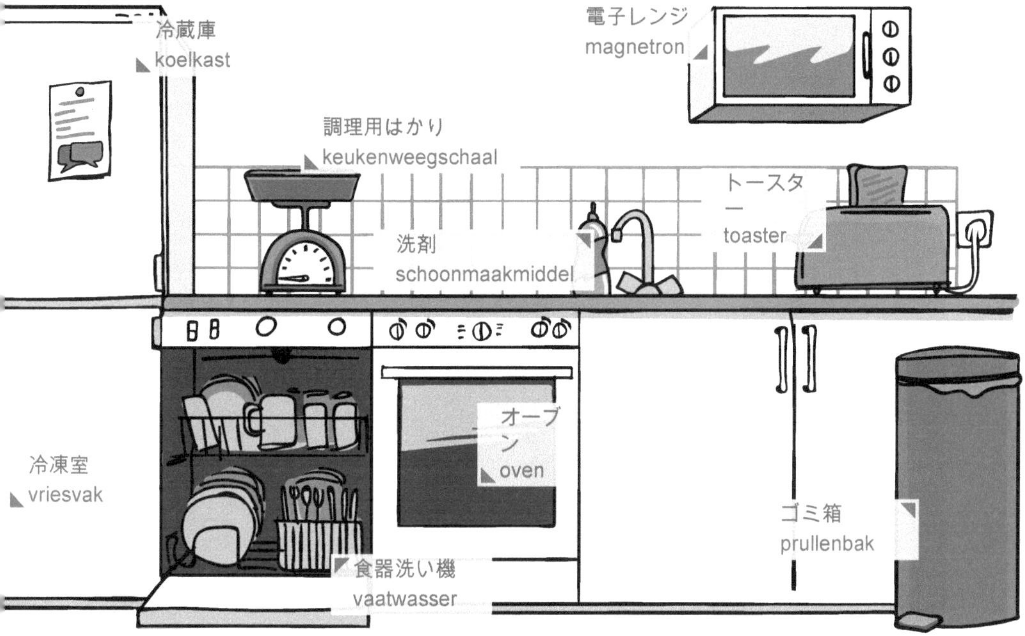
冷蔵庫
koelkast
電子レンジ
magnetron
調理用はかり
keukenweegschaal
トースター
toaster
洗剤
schoonmaakmiddel
オーブン
oven
冷凍室
vriesvak
ゴミ箱
prullenbak
食器洗い機
vaatwasser

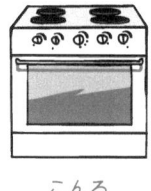

こんろ

fornuis

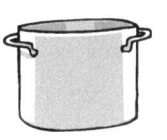

鍋

pan

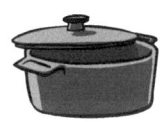

鉄鍋

gietijzeren pan

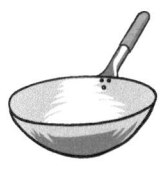

中華鍋/ カダイ鍋

wok / kadai

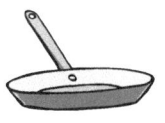

フライパン

koekenpan

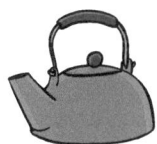

やかん

ketel

蒸し器

stoomkoker

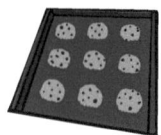

天板

bakplaat

食器

servies

マグカップ

beker

ボウル

kom

箸

eetstokjes

おたま

soeplepel

へら

spatel

泡立て器

garde

こし器

vergiet

ふるい

zeef

すりおろし器

rasp

すり鉢

vijzel

バーベキュー

barbecue

かまど

vuurhaard

まな板

snijplank

麺棒

deegroller

栓抜き

kurkentrekker

缶

blik

缶切り

blikopener

鍋つかみ

pannenlap

流し

wasbak

ブラシ

borstel

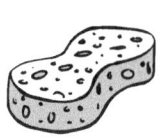

スポンジ

spons

ミキサー

blender

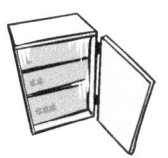

冷凍庫

vriezer

哺乳瓶

babyflesje

蛇口

kraan

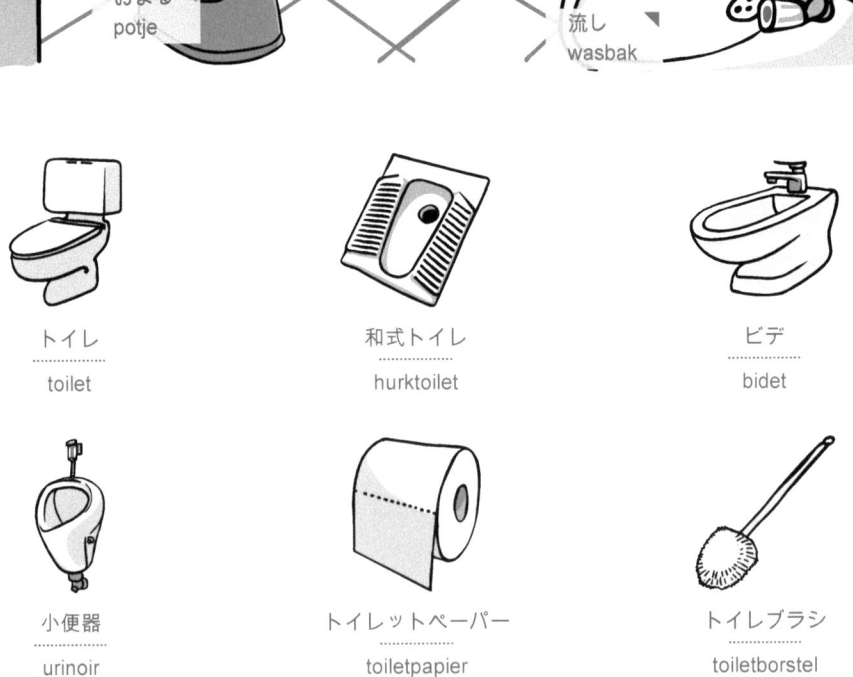

浴室

badkamer

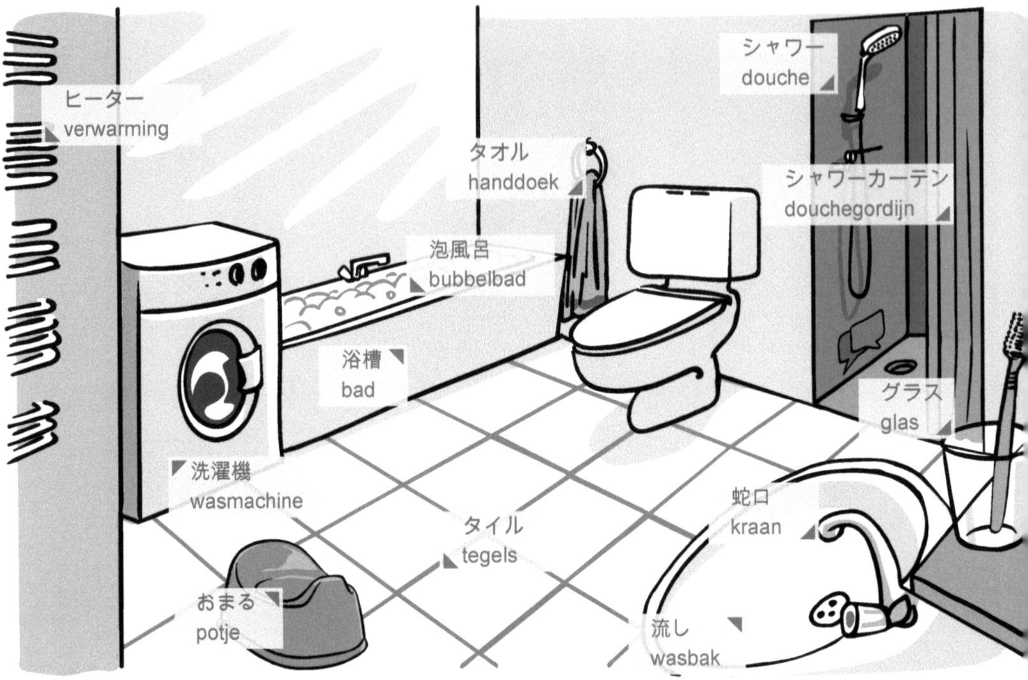

ヒーター
verwarming
タオル
handdoek
シャワー
douche
シャワーカーテン
douchegordijn
泡風呂
bubbelbad
浴槽
bad
洗濯機
wasmachine
グラス
glas
蛇口
kraan
タイル
tegels
おまる
potje
流し
wasbak

トイレ

toilet

和式トイレ

hurktoilet

ビデ

bidet

小便器

urinoir

トイレットペーパー

toiletpapier

トイレブラシ

toiletborstel

歯ブラシ

tandenborstel

歯みがき

tandpasta

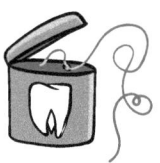

デンタルフロス

flosdraad

洗う

wassen

シャワーヘッド

handdouche

ハンドビデ

toiletdouche

洗面台

waskom

ボディブラシ

rugborstel

石鹸

zeep

シャワー用ジェル

douchegel

シャンプー

shampoo

浴用タオル

washanje

排水口

afvoer

クリーム

creme

消臭

deodorant

鏡

spiegel

手鏡

make-upspiegel

かみそり

scheermes

シェービング・フォーム

scheerschuim

アフターシェーブローショ
ン

aftershave

櫛

kam

ブラシ

borstel

ドライヤー

haardroger

ヘアスプレー

haarspray

化粧

make-up

口紅

lippenstift

マニキュア

nagellak

脱脂綿

watten

爪切り

nagelschaartje

香水

parfum

洗面用具入れ

toilettas

スツール

kruk

体重計

weegschaal

バスローブ

badjas

ゴム手袋

rubber handschoenen

タンポン

tampon

生理用ナプキン

maandverband

ケミカルトイレ

chemisch toilet

子供部屋

kinderkamer

目覚まし
時計
wekker
ぬいぐるみ
knuffeldier
おもちゃの自動車
speelgoedauto
がらがら
rammelaar
ドール・ハウス
poppenhuis
プレゼント
cadeau

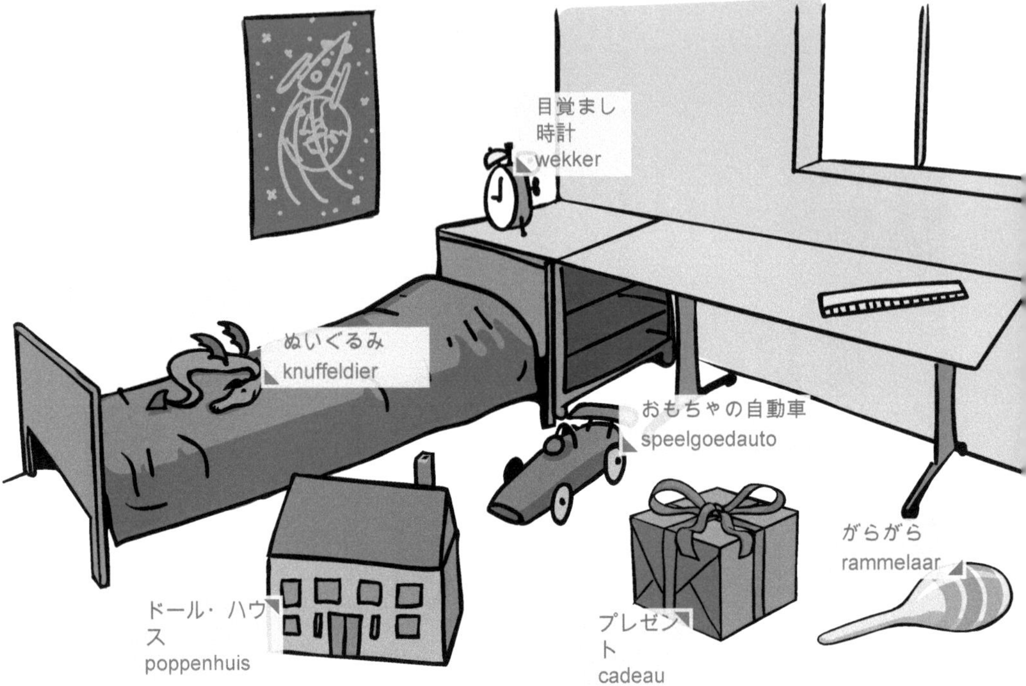

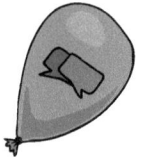

風船

ballon

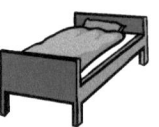

ベッド

bed

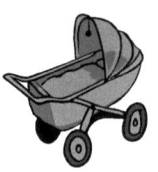

ベビーカー

kinderwagen

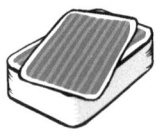

カードゲーム

kaartspel

ジグソーパズル

puzzel

SUPER
MEGA

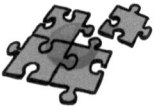

漫画

stripverhaal

レゴ

legostenen

玩具ブロック

speelgoedblokken

アクションフィギュア

actiefiguurtje

ロンパース

romper

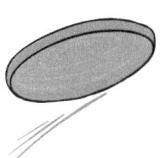

フリスビー

frisbee

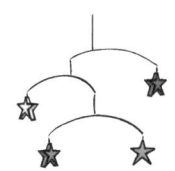

モバイル

mobile

ボードゲーム

bordspel

さいころ

dobbelsteen

鉄道模型

modeltrein

おしゃぶり

speen

パーティー

feestje

絵本

prentenboek

ボール

bal

人形

pop

遊ぶ

spelen

砂場

zandbak

ブランコ

schommel

おもちゃ

speelgoed

ゲーム機

spelcomputer

三輪車

driewieler

テディベア

teddybeer

衣装ダンス

kleerkast

衣服

kleding

靴下

sokken

ストッキング

kousen

タイツ

panty

スカーフ
sjaal

雨傘
paraplu

Tシャツ
T-shirt

ベルト
riem

ブーツ
laarzen

スリッパ
pantoffels

スニーカー
sportschoenen

サンダル
sandalen

靴
schoenen

ゴム長靴
rubberlaarzen

パンツ
onderbroek

ブラ
beha

ベスト
onderhemd

ボディースーツ

body

ズボン

broek

ジーンズ

spijkerbroek

スカート

rok

ブラウス

blouse

シャツ

overhemd

セーター

trui

パーカー

hoody

ブレザー

blazer

ジャケット

jas

コート

mantel

レインコート

regenjas

服装

kostuum

ドレス

jurk

ウェディングドレス

trouwjurk

スーツ

pak

ナイトガウン

nachthemd

パジャマ

pyjama

サリー

sari

ヘッドスカーフ

hoofddoek

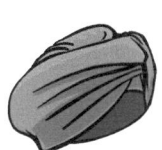

ターバン

tulband

ブルカ

boerka

カフタン

kaftan

アバヤ

abaja

水着

zwempak

トランクス

zwembroek

半ズボン

korte broek

スウェットスーツ

trainingspak

エプロン

schort

手袋

handschoenen

ボタン

knoop

メガネ

bril

ブレスレット

armband

ネックレス

ketting

指輪

ring

イヤリング

oorbel

帽子

pet

ハンガー

kledinghanger

帽子

hoed

ネクタイ

stropdas

ファスナー

rits

ヘルメット

helm

サスペンダー

bretels

制服

schooluniform

ユニフォーム

uniform

よだれかけ

slabbetje

おしゃぶり

speen

おむつ

luier

オフィス

kantoor

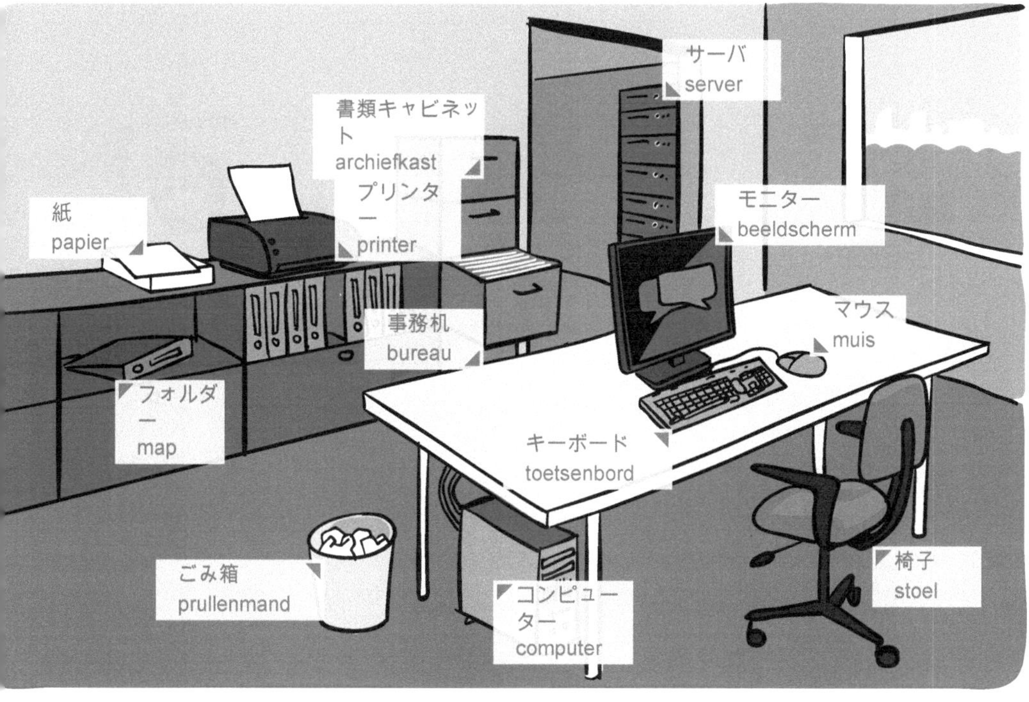

サーバ
server

書類キャビネット
archiefkast

プリンター
printer

モニター
beeldscherm

紙
papier

マウス
muis

事務机
bureau

フォルダー
map

キーボード
toetsenbord

ごみ箱
prullenmand

椅子
stoel

コンピューター
computer

コーヒーマグ

koffiemok

計算機

rekenmachine

インターネット

internet

ラップトップ

laptop

手紙

brief

メッセージ

bericht

携帯電話

mobiele telefoon

ネットワーク

netwerk

コピー機

kopieermachine

ソフトウェア

software

電話

telefoon

コンセント

stopcontact

ファックス

fax

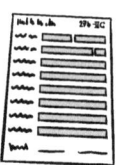

フォーム

formulier

書類

document

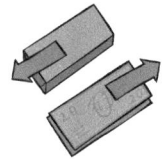

買う

kopen

支払う

betalen

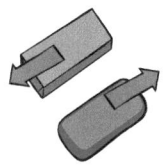

取引する

handel drijven

お金

geld

ドル

dollar

ユーロ

euro

円

yen

ルーブル

roebel

スイスフラン

Zwitserse frank

人民元

renminbi yuan

ルピー

roepie

キャッシュポイント

geldautomaat

両替所

wisselkantoor

金

goud

銀

zilver

油

olie

エネルギー

energie

価格

prijs

契約

contract

税金

belasting

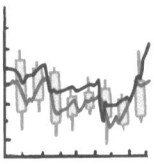

株

aandeel

働く

werken

従業員

werknemer

雇用主

werkgever

工場

fabriek

ショップ

winkel

職業
beroepen

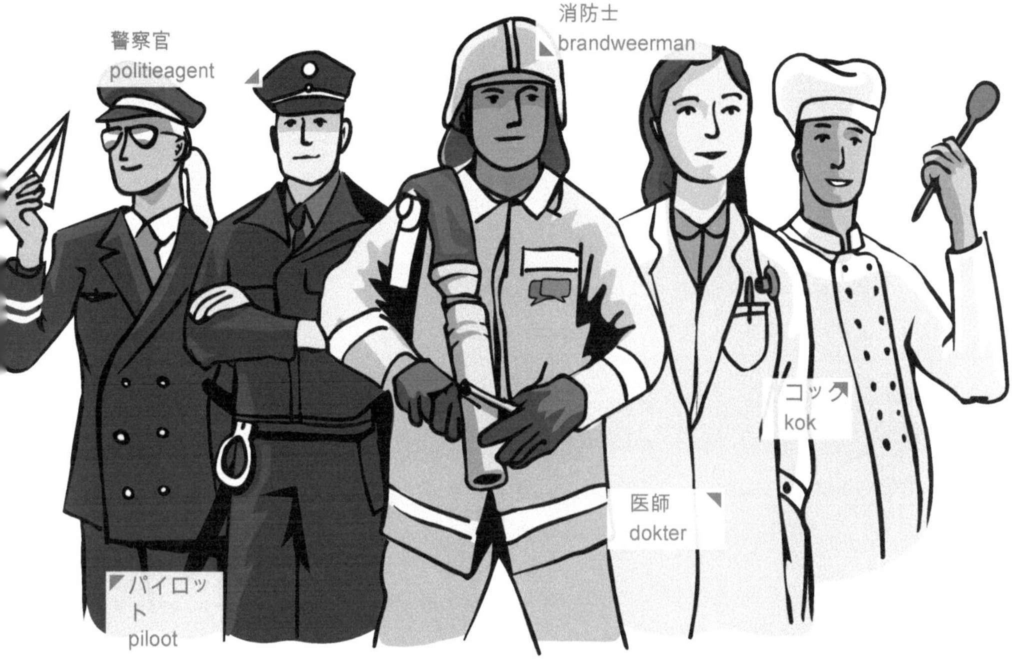

警察官
politieagent
消防士
brandweerman
コック
kok
医師
dokter
パイロット
piloot

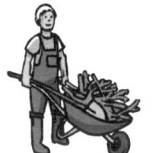

庭師

tuinman

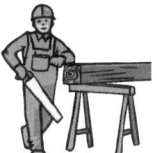

大工

timmerman

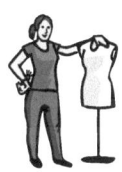

お針子

naaister

裁判官

rechter

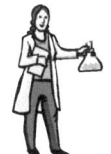

化学者

scheikundige

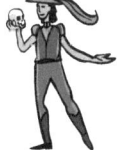

俳優

toneelspeler

バスの運転手

buschauffeur

タクシー運転手

taxichauffeur

漁師

visser

掃除婦

schoonmaakster

屋根ふき職人

dakdekker

ウェイター

ober

ハンター

jager

塗装工

schilder

パン屋

bakker

電気工

elektricien

建設作業員

bouwvakker

エンジニア

ingenieur

肉屋

slager

配管工

loodgieter

郵便配達人

postbode

軍人
soldaat

建築家
architect

レジ係
kassier

花屋
bloemist

美容師
kapper

車掌
conducteur

機械工
monteur

キャプテン
kapitein

歯科医
tandarts

科学者
wetenschapper

ラビ
rabbi

イスラム導師
imam

修道士
monnik

牧師
pastoor

道具
gereedschap

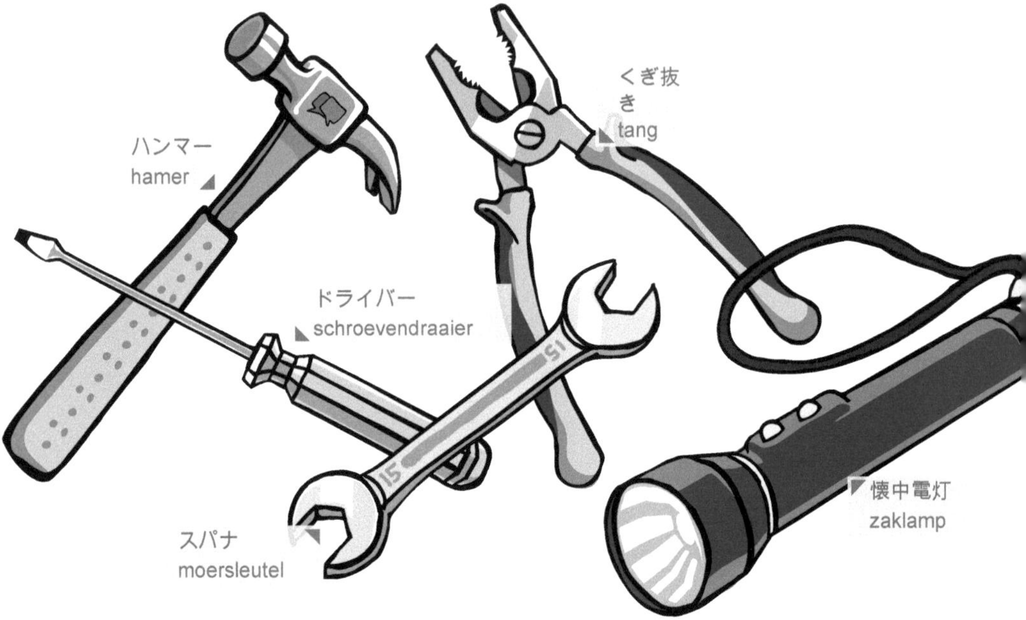
ハンマー
hamer
くぎ抜き
tang
ドライバー
schroevendraaier
スパナ
moersleutel
懐中電灯
zaklamp

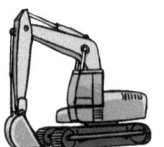

掘削機

graafmachine

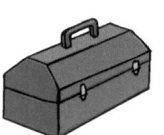

道具箱

gereedschapskist

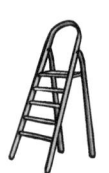

はしご

ladder

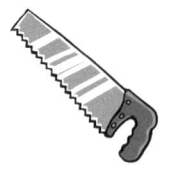

のこぎり

zaag

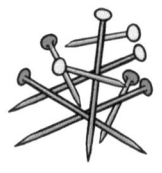

釘

spijkers

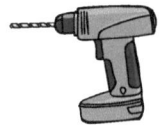

ドリル

boor

修理する
repareren

シャベル
schep

クソ！
Verdorie!

ちりとり
stofblik

ペンキ缶
verfpot

ネジ
schroeven

楽器
muziekinstrumenten

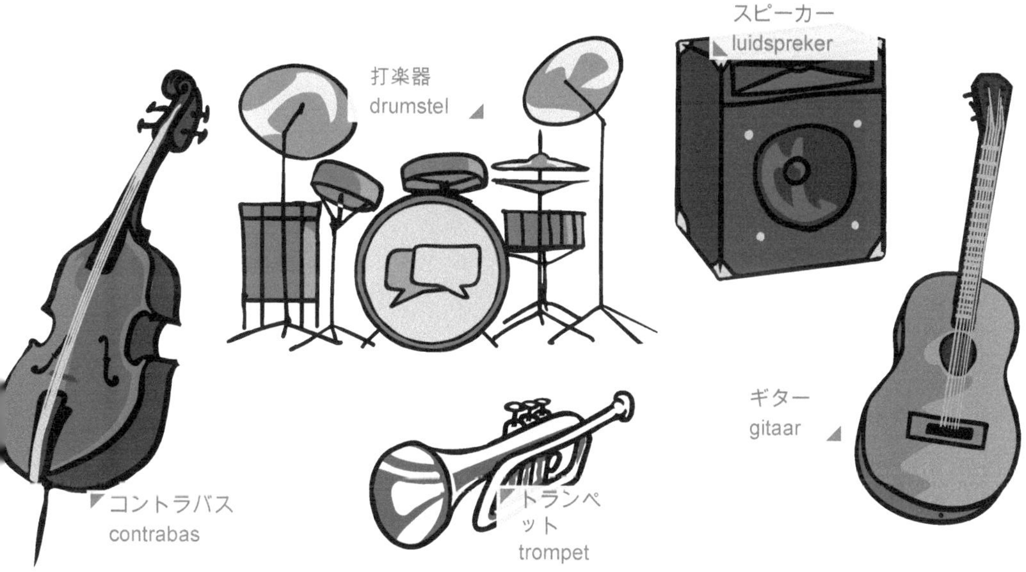

スピーカー
luidspreker

打楽器
drumstel

ギター
gitaar

コントラバス
contrabas

トランペット
trompet

ピアノ

piano

バイオリン

viool

バス

bas

ティンパニ

pauk

ドラム

trommel

キーボード

keyboard

サックス

saxofoon

フルート

fluit

マイクロフォン

microfoon

動物園

dierentuin

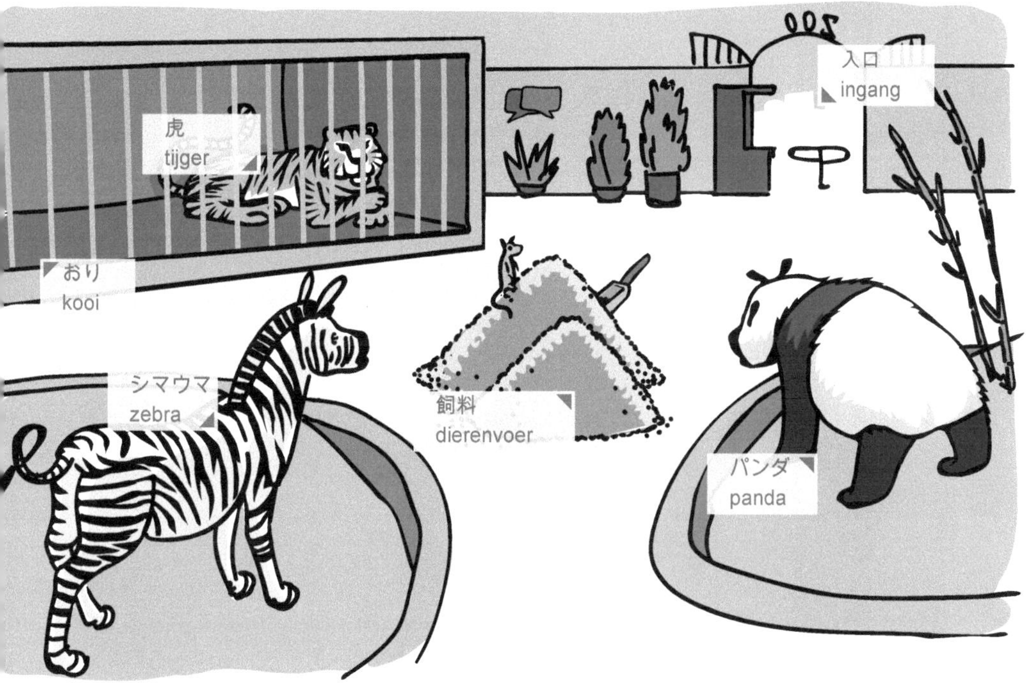
虎
tijger
おり
kooi
シマウマ
zebra
飼料
dierenvoer
入口
ingang
パンダ
panda

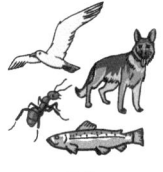

動物

dieren

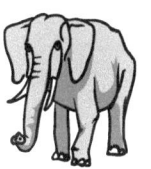

象

olifant

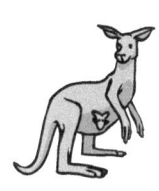

カンガルー

kangoeroe

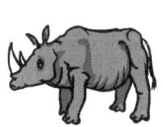

サイ

neushoorn

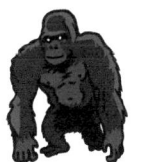

ゴリラ

gorilla

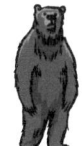

熊

beer

ラクダ

kameel

ダチョウ

struisvogel

ライオン

leeuw

猿

aap

フラミンゴ

flamingo

オウム

papegaai

白クマ

ijsbeer

ペンギン

pinguïn

サメ

haai

クジャク

pauw

蛇

slang

ワニ

krokodil

飼育係

dierenverzorger

アザラシ

zeehond

ジャガー

jaguar

ポニー

pony

ヒョウ

luipaard

カバ

nijlpaard

キリン

giraffe

鷲

adelaar

雄豚

wild zwijn

魚

vis

亀

schildpad

セイウチ

walrus

狐

vos

ガゼル

gazelle

アメフト
American football

サイクリング
wielrennen

テニス
tennis

バスケットボール
basketbal

水泳
zwemmen

ボクシング
boksen

アイスホッケー
ijshockey

サッカー
voetbal

バドミントン
badminton

陸上競技
atletiek

ハンドボール
handbal

スキー
skiën

ポロ
polo

跳ぶ
springen

笑う
lachen

抱きしめる
knuffelen

歌う
zingen

歩く
lopen

祈る
bidden

キス
kussen

夢見る
dromen

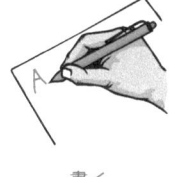

書く
schrijven

描く
tekenen

示す
tonen

押す
duwen

与える
geven

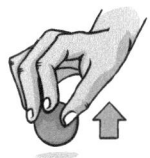

取る
oppakken

持っている

hebben

する

doen

ある

zijn

立つ

staan

走る

rennen

引く

trekken

投げる

gooien

落ちる

vallen

横たわっている

liggen

待つ

wachten

運ぶ

dragen

座る

zitten

着る

aankleden

眠る

slapen

目が覚める

wakker worden

見る

bekijken

泣く

huilen

なでる

strelen

櫛ですく

kammen

話す

praten

理解する

begrijpen

質問する

vragen

聞く

horen

飲む

drinken

食べる

eten

片づける

opruimen

愛する

houden van

料理する

koken

運転する

rijden

飛ぶ

vliegen

ヨットに乗る

zeilen

計算する

rekenen

読む

lezen

学ぶ

leren

働く

werken

結婚する

trouwen

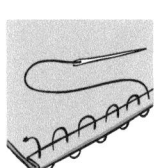

縫う

naaien

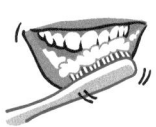

歯を磨く

tandenpoetsen

殺す

doden

喫煙する

roken

送る

verzenden

家族
familie

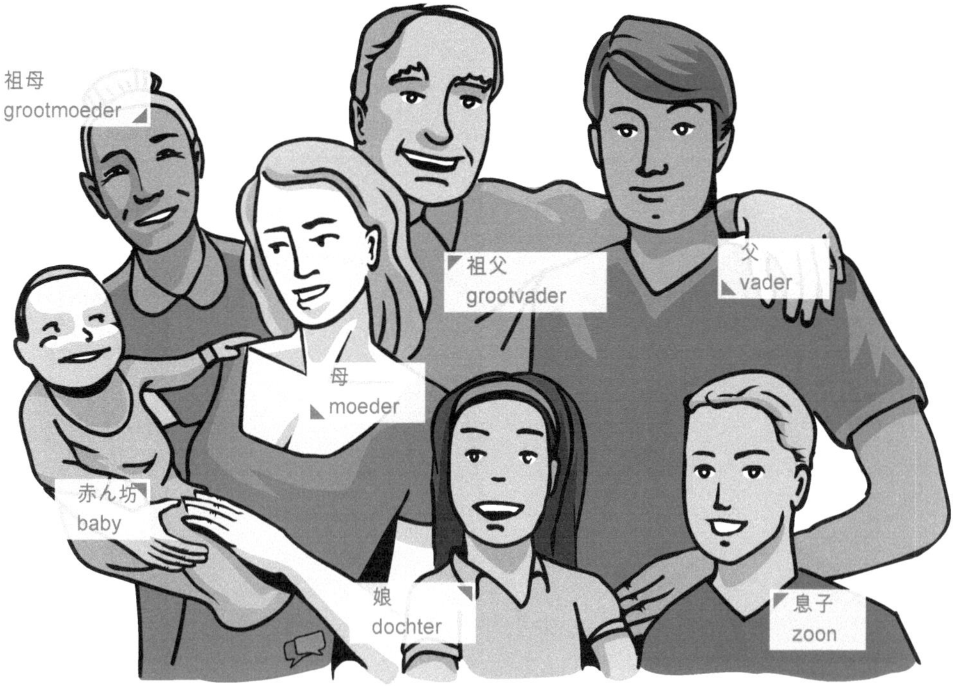

祖母
grootmoeder
祖父
grootvader
父
vader
母
moeder
赤ん坊
baby
娘
dochter
息子
zoon

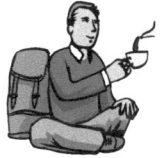

お客様

gast

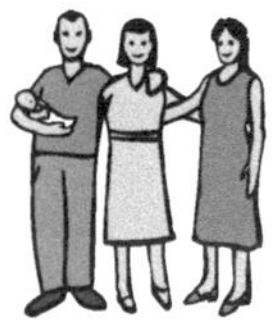

おば

tante

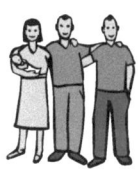

おじ

oom

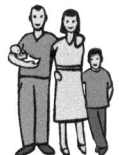

兄弟

broer

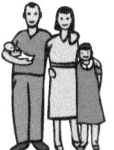

姉妹

zus

体

lichaam

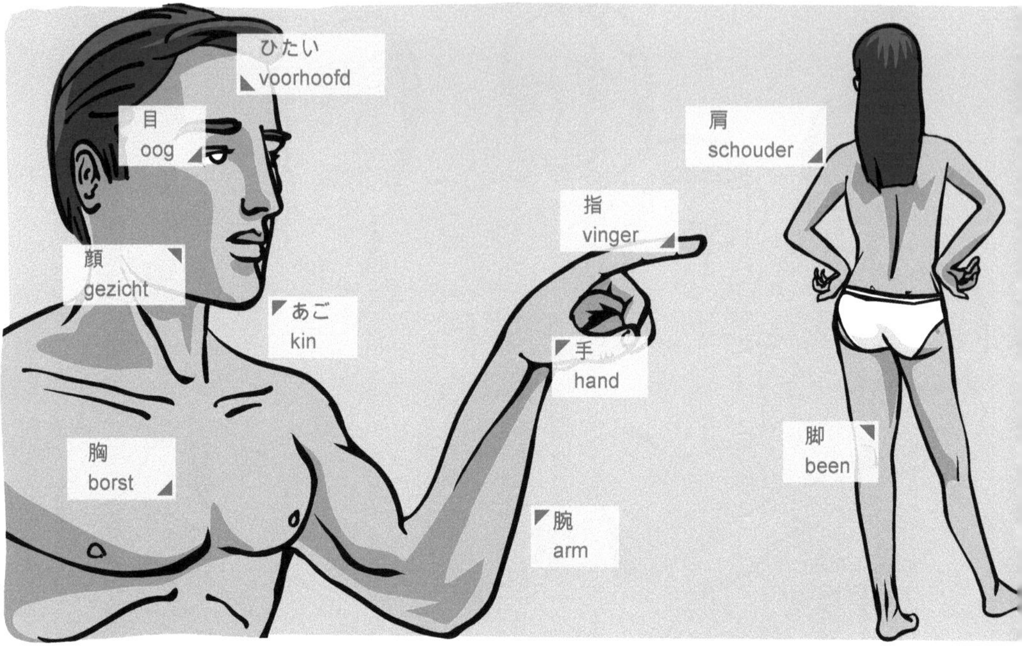

ひたい
voorhoofd

目
oog

肩
schouder

指
vinger

顔
gezicht

あご
kin

手
hand

胸
borst

脚
been

腕
arm

赤ん坊

baby

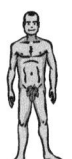

男性

man

女性

vrouw

少女

meisje

少年

jongen

頭

hoofd

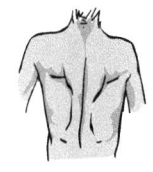

背中
rug

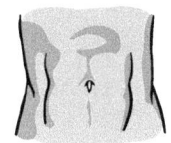

腹
buik

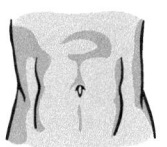

へそ
navel

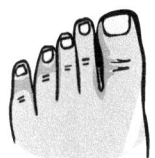

足指
teen

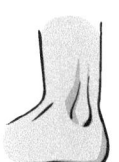

かかと
hiel

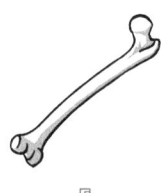

骨
bot

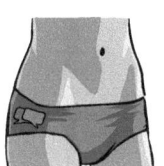

腰
heup

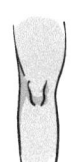

ひざ
knie

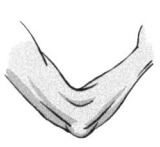

ひじ
elleboog

鼻
neus

尻
achterwerk

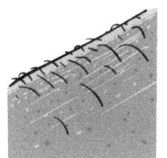

皮膚
huid

頬
wang

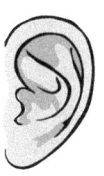

耳
oor

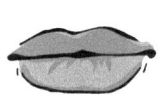

唇
lippen

体 - lichaam

口

mond

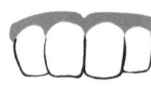

歯

tand

舌

tong

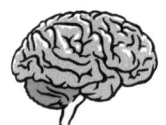

脳

hersenen

心臓

hart

筋肉

spier

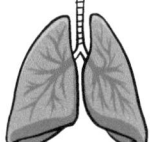

肺

long

肝臓

lever

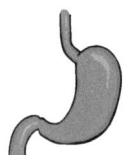

胃

maag

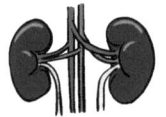

腎臓

nieren

セックス

geslachtsgemeenschap

コンドーム

condoom

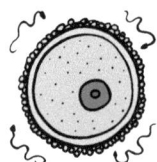

卵細胞

eicel

精液

sperma

妊娠

zwangerschap

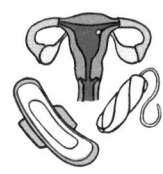

月経

menstruatie

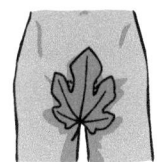

膣

vagina

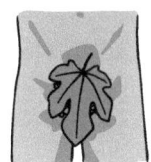

ペニス

penis

眉

wenkbrauw

髪

haar

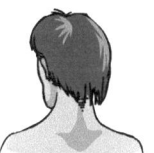

首

hals

病院

ziekenhuis

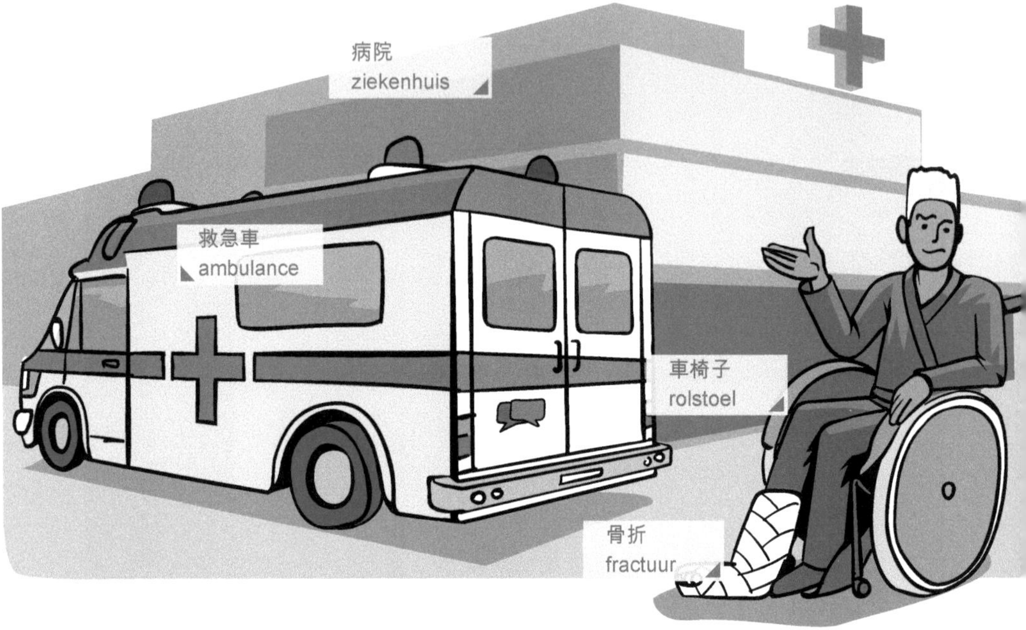

病院
ziekenhuis
救急車
ambulance
車椅子
rolstoel
骨折
fractuur

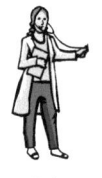

医師

dokter

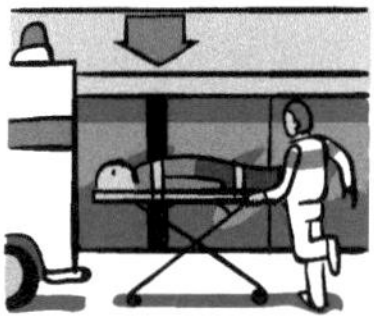

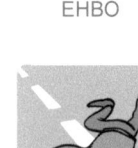

救急治療室

EHBO

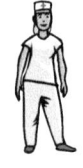

看護師

verpleegster

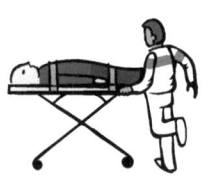

救急

noodgeval

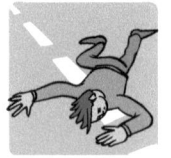

失神

bewusteloos

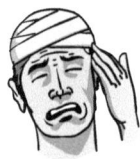

痛み

pijn

けが

verwonding

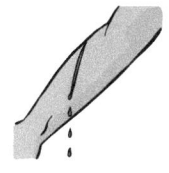

出血

bloeding

心臓発作

hartaanval

脳卒中

beroerte

アレルギー

allergie

咳

hoest

熱

koorts

インフルエンザ

griep

下痢

diarree

頭痛

hoofdpijn

癌

kanker

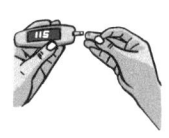

糖尿病

diabetes

外科医

chirurg

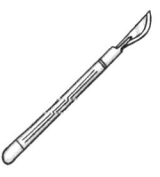

外科用メス

scalpel

手術

operatie

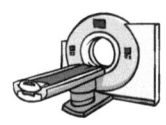

CT

CT

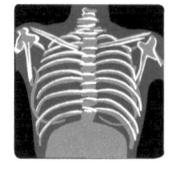

レントゲン

röntgen

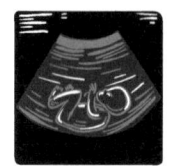

超音波

echografie

マスク

gezichtsmasker

病気

ziekte

待合室

wachtkamer

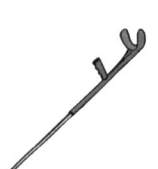

松葉づえ

kruk

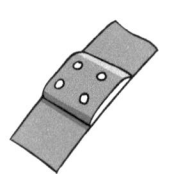

ばんそうこう

pleister

包帯

verband

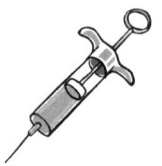

注射

injectie

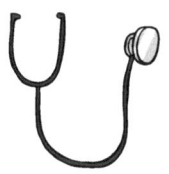

聴診器

stethoscoop

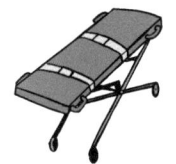

担架

brancard

体温計

thermometer

出産

geboorte

肥満

overgewicht

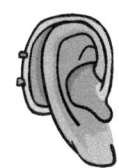

補聴器

gehoorapparaat

消毒剤

ontsmettingsmiddel

感染

infectie

ウイルス

virus

HIV / エイズ

HIV / AIDS

内服薬

medicijn

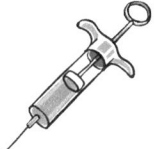

予防接種

inenting

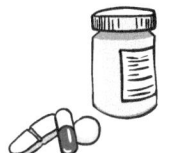

錠剤

tabletten

ピル

pil

緊急電話

alarmnummer

血圧計

bloeddrukmeter

病気の　/　健康な

ziek / gezond

助けて！

Help!

アラーム

alarm

暴行

overval

攻撃

aanval

危険

gevaar

非常口

nooduitgang

火事だ！

Brand!

消火器

brandblusser

事故

ongeluk

救急箱

EHBO-koffer

SOS

SOS

警察

politie

ヨーロッパ

Europa

北米

Noord-Amerika

南米

Zuid-Amerika

アフリカ

Afrika

アジア

Azië

オーストラリア

Australië

大西洋

Atlantische Oceaan

太平洋

Stille Oceaan

インド洋

Indische Oceaan

南極海

Zuidelijke Oceaan

北極海

Noordelijke IJszee

北極

Noordpool

南極

Zuidpool

南極大陸

Antarctica

地球

aarde

陸

land

海

zee

島

eiland

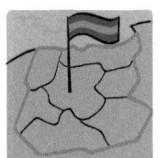

国家

natie

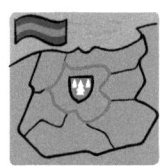

国家

staat

文字盤

wijzerplaat

短針

uurwijzer

長針

minutenwijzer

秒針

secondewijzer

何時ですか？

Hoe laat is het?

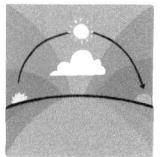

日

dag

時間

tijd

現在

nu

デジタル時計

digitaal horloge

分

minuut

時間

uur

週

week

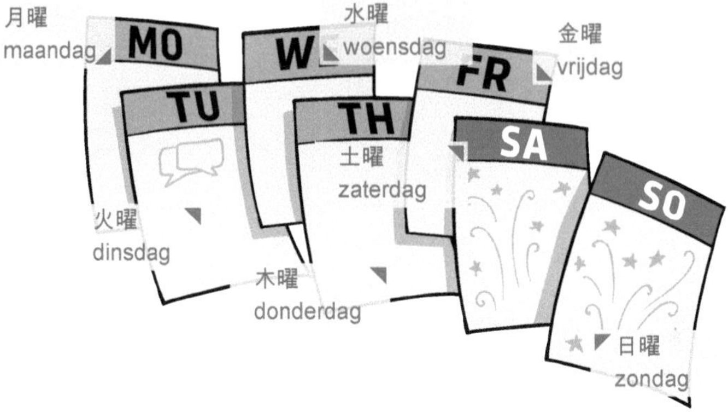

月曜
maandag **MO**

火曜
dinsdag

水曜
W woensdag

木曜
donderdag

TH
土曜
zaterdag

金曜
FR vrijdag

TU

SA

SO

日曜
zondag

昨日
gisteren

今日
vandaag

明日
morgen

朝
ochtend

昼
middag

夜
avond

営業日
werkdagen

週末
weekend

雨
regen

虹
regenboog

風
wind

雪
sneeuw

春
voorjaar

夏
zomer

秋
herfst

冬
winter

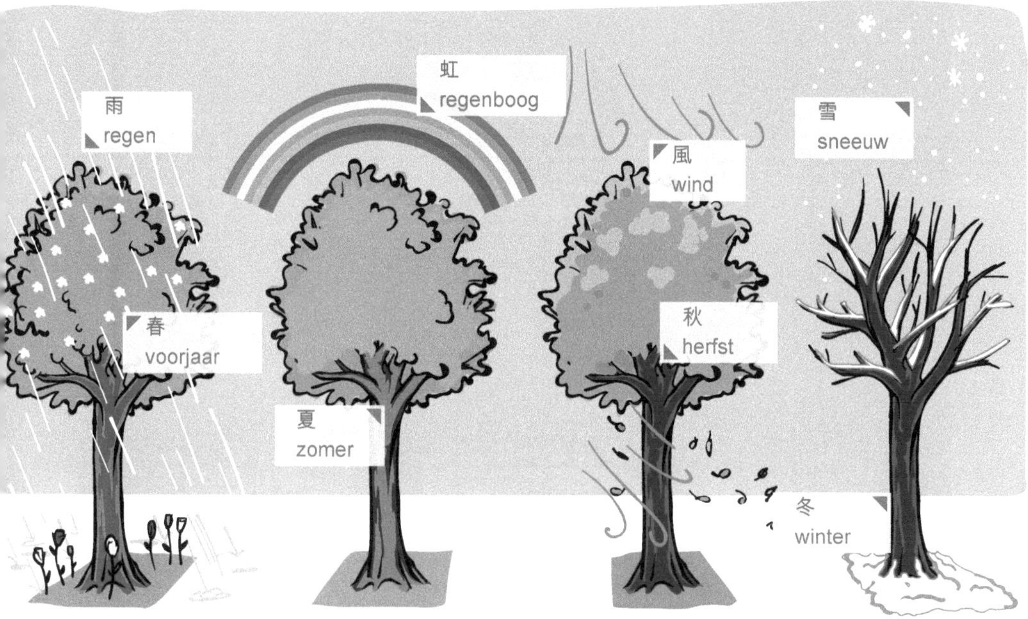

天気予報

weerbericht

温度計

thermometer

日差し

zonneschijn

雲

wolk

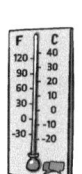

霧

mist

湿度

luchtvochtigheid

雷

bliksem

雷

donder

嵐

storm

ひょう

hagel

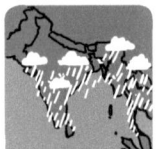

季節風

moesson

洪水

overstroming

氷

ijs

1月

januari

2月

februari

3月

maart

4月

april

5月

mei

6月

juni

7月

juli

8月

augustus

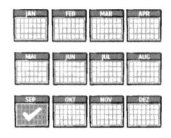

9月
....
september

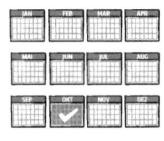

10月
....
oktober

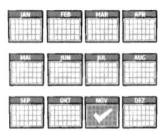

11月
....
november

12月
....
december

vormen

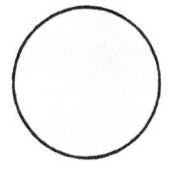

円
....
cirkel

正方形
....
vierkant

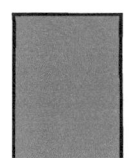

長方形
....
rechthoek

三角
....
driehoek

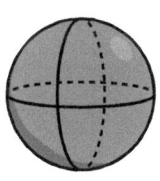

球
....
bol

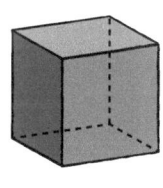

立方体
....
kubus

kleuren

白
wit

黄
geel

オレンジ
oranje

ピンク
roze

赤
rood

紫
paars

青
blauw

緑
groen

茶
bruin

灰色
grijs

黒
zwart

多い / 少ない

veel / weinig

怒っている /
落ち着いている

boos / rustig

美しい / 醜い

mooi / lelijk

初め / 終わり

begin / einde

大きい / 小さい

groot / klein

明るい / 暗い

licht / donker

兄弟 / 姉妹

broer / zus

清潔な / 汚い

schoon / vies

完全な / 不完全な

volledig / onvolledig

日中 / 夜

dag/ nacht

死んだ / 生きている

dood / levend

幅広い / 狭い

breed / smal

食べられる /
食べられない
eetbaar / oneetbaar

悪意のある / 親切な
gemeen / aardig

興奮している /
退屈している
opgewonden / verveeld

太った / 痩せた
dik / dun

最初に / 最後に
eerste / laatste

友人 / 敵
vriend / vijand

いっぱいの / 空の
vol / leeg

硬い / 柔らかい
hard / zacht

重い / 軽い
zwaar / licht

空腹 / 喉の渇き
honger / dorst

病気の / 健康な
ziek / gezond

違法な / 合法な
illegaal / legaal

賢い / 愚かな
intelligent / dom

左に / 右に
links / rechts

近い / 遠い
dichtbij / ver

新しい / 中古の
nieuw / gebruikt

何もない / 何かある
niets / iets

老いた / 若い
oud / jong

オン / オフ
aan / uit

開いている /
閉まっている
open / gesloten

静かな / うるさい
zacht / luid

裕福な / 貧乏な
rijk / arm

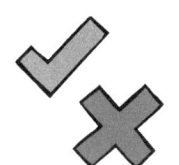

正しい / 間違っている
goed / fout

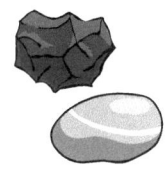

粗い / なめらか
ruw / glad

悲しい / 幸せな
verdrietig / gelukkig

短い / 長い
kort / lang

ゆっくり / 速い
langzaam / snel

濡れた / 乾いた
nat / droog

温かい / 冷たい
warm / koel

戦争 / 平和
oorlog / vrede

0

ゼロ

nul

1

1

één

2

2

twee

3

3

drie

4

4

vier

5

5

vijf

6

6

zes

7

7

zeven

8

8

acht

9

9

negen

10

10

tien

11

11

elf

12

12
....
twaalf

13

13
....
dertien

14

14
....
veertien

15

15
....
vijftien

16

16
....
zestien

17

17
....
zeventien

18

18
....
achttien

19

19
....
negentien

20

20
....
twintig

100

100
....
honderd

1.000

1000
....
duizend

1.000.000

100万
....
miljoen

英語
Engels

アメリカ英語
Amerikaans Engels

中国標準語
Chinees Mandarijn

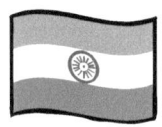

ヒンディー語
Hindi

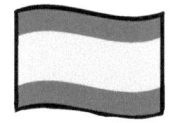

スペイン語
Spaans

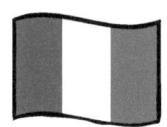

フランス語
Frans

アラビア語
Arabisch

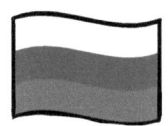

ロシア語
Russisch

ポルトガル語
Portugees

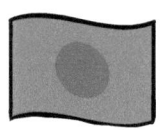

ベンガル語
Bengalees

ドイツ語
Duits

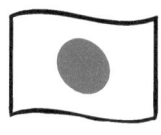

日本語
Japans

私

ik

あなた

jij

彼 / 彼女 / それ

hij / zij / het

私たち

wij

あなたたち

jullie

彼ら

zij

誰？

wie?

何？

wat?

どうやって？

hoe?

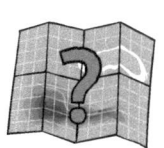

どこ？

waar?

いつ？

wanneer?

名前

naam

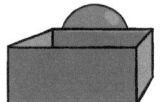

後ろ

achter

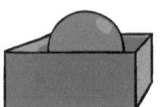

中

in

前

voor

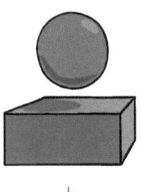

上

boven

上

op

下

onder

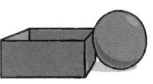

横

naast

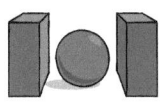

間

tussen

場所

plaats